AF313790

EXPOSITION UNIVERSELLE DE 1867

A PARIS.

LISTE

DES

RÉCOMPENSES DÉCERNÉES

PAR

LE JURY INTERNATIONAL

AUX EXPOSANTS PRUSSIENS

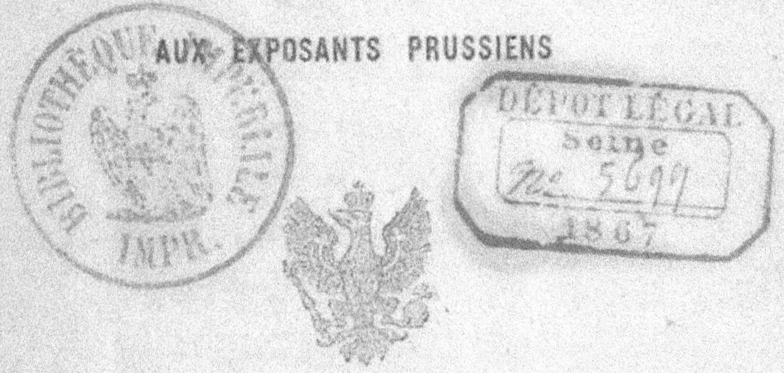

PARIS,

E. DENTU, LIBRAIRE-ÉDITEUR.

PALAIS-ROYAL, 17 ET 19, GALERIE D'ORLÉANS.

IMPRIMERIE PAUL DUPONT.

EXPOSITION UNIVERSELLE DE 1867
A PARIS.

LISTE

DES

RÉCOMPENSES DÉCERNÉES

PAR LE JURY INTERNATIONAL

AUX EXPOSANTS PRUSSIENS

BEAUX-ARTS

GROUPE I

ŒUVRES D'ART.

CLASSES 1 ET 2 RÉUNIES

PEINTURE ET DESSINS.

GRAND PRIX.

Knaus.. —

2ᵉ PRIX.

Menzel... —

3ᵉ PRIX.

André Achenbach... —

CLASSE 3

SCULPTURE.

———

GRAND PRIX.

F. Drake..

2e PRIX.

G. Blaeser..

CLASSE 4

ARCHITECTURE.

———

1er PRIX.

F. Schmitz...

CLASSE 5

GRAVURE ET LITHOGRAPHIE.

———

GRAND PRIX.

J. Keller..

1er PRIX.

E. Mandel..

2e PRIX.

Barthelmen...

AGRICULTURE ET INDUSTRIE

GROUPE II

MATÉRIEL ET APPLICATION DES ARTS LIBÉRAUX.

CLASSE 6

PRODUITS D'IMPRIMERIE ET DE LIBRAIRIE.

Hors concours.

Médailles d'argent.

Médailles de bronze.

COOPÉRATEURS.

Médaille de bronze.

Lucke, chef d'atelier chez MM. Vieweg et fils, à Brunswick.........   13

Mention honorable.

König et **Ebhardt.** Hanovre. — Impressions diverses.............   23

CLASSE 7

OBJETS DE PAPETERIE, RELIURES, MATÉRIEL DES ARTS DE LA PEINTURE ET DU DESSIN.

Hors concours.

Höesch frères (Hoesch, membre du Jury)........................

Médaille d'or.

Henri-Auguste et Félix-Henri **Schoeller**, à Duren. — Papiers........   3—4

Médailles d'argent.

Ehhart. — Papiers...   11
Ebbingham. — Papiers..   9
Hattenmuller. — Cartons.......................................   37
Schaeffer et **Scheibe.** — Papiers de fantaisie..............   10
Koenig et **Ebarth.** — Registres.............................   23
Ficher. — Fabricant de papiers................................   16

Médailles de bronze.

Schnell. — Papier glacé.......................................   35
Kuhn. — Registres...   32
Kandler. — Cartons..   26
Korn et **Bock.** — Papiers...................................   27

COOPÉRATEUR.

CLASSE 8

APPLICATIONS DU DESSIN ET DE LA PLASTIQUE AUX ARTS USUELS.

Mentions honorables.

CLASSE 9

ÉPREUVES ET APPAREILS DE PHOTOGRAPHIE.

CLASSE 10

INSTRUMENTS DE MUSIQUE.

Médailles d'argent.

Médailles de bronze.

Mentions honorables.

CLASSE 11

APPAREILS ET INSTRUMENTS DE L'ART MÉDICAL.

Hors concours.

Médailles d'argent.

Médailles de bronze.

Mentions honorables.

CLASSE 12

INSTRUMENTS DE PRÉCISION ET MATÉRIEL DE L'ENSEIGNEMENT
DES SCIENCES.

Médaille d'or.

Médailles d'argent.

COOPÉRATEURS.

Médaille d'argent.

Médailles de bronze.

Mentions honorables.

CLASSE 13

CARTES ET APPAREILS DE GÉOGRAPHIE ET DE COSMOGRAPHIE.

Médailles d'or.

Juste **Perthes**, à Gotha. — Cartes, atlas, annales mensuelles de géographie. (Directeur scientifique : M. Petermann.)...................... 6

De Dechen, à Bonn. — Carte géologique de la Prusse Rhénane et de la Westphalie.. 17

Médailles d'argent.

Thierry Reimer, à Berlin. — Cartes diverses, Neuer Sland ; atlas de Kiepert.. 3

Ministère du commerce, département des Mines, Berlin. — Carte géologique des deux Silésies et du duché de Saxe.................... 20-47

Ch. **Flemming**, à Glogau. — Carte topographique de l'Europe centrale... 5

Thomas **Deckert**. — Modèle en relief de l'Etna........................ —

Médailles de bronze.

Liebenow, à Berlin. — Cartes topographiques; spécimens d'études militaires.. 4

Ernest **Schotte**, à Berlin. — Carte en relief et globe................. 7

F. **Fischer**, à Cassel. Cartes en relief de la Terre-Sainte........... 2

Jules **Baedeker**, à Isserlohn. — Cartes géologiques et plans........ 47-18

COOPÉRATEUR

Médaille d'or.

Petermann, directeur scientifique de la maison Perthes........ —

AGRICULTURE ET INDUSTRIE

GROUPE III

MEUBLES ET AUTRES OBJETS DESTINÉS A L'HABITATION.

CLASSES 14 ET 15

MEUBLES DE LUXE ET OUVRAGES DE TAPISSIER ET DE DÉCORATEUR.

Médailles de bronze.

M. **Friedrick**, Saxe. — Meubles.. 3
M. **Furpe**, meubles... 1
G.-W. **Voeltzkow** jeune, cadres... 2
Société Neuhaus, de Berlin, meubles.................................. 17

Mentions honorables.

Société de la Renaissance, meubles.................................. 14
M. **Bauer,** meubles.. 6
M. **Winckel,** meubles... 18
MM. **Scharr** et **Reize,** meubles................................... —
Burgers, Moulures... 13

CLASSE 16

CRISTAUX, VERRERIE DE LUXE ET VITRAUX.

Hors concours.

Docteur **Hasenclever** (membre du jury). Aix-la-Chapelle............ 1
Institut royal de Berlin. (Établissement public.)............... 14

Médailles d'argent.

Le comte **Schaffgotsch**, à Scheiberhau. — Verrerie de luxe........   8
Haarmann, Schott et **Hahne**, à Witten. — Verres à vitres......   5

Médailles de bronze.

Hecker, à Berlin. — Lustres de fleurs en verre.................   2
Vopelius, à Sulzbach. — Verre à vitres......................   28
Wisthoff, à Kœnigs-Stuler-Kouhr. — Verre à vitres et cornues.....   9
Siegwart frères et Cie, à Stolberg. — Gobeletterie...............   4
Oidtmann et Cie, à Linnich. — Vitraux......................   15

Mention honorable.

M. Hubert **Schmitz**, Aix-la-Chapelle. — Vitraux..................   —

CLASSE 17

PORCELAINES, FAÏENCES ET AUTRES POTERIES DE LUXE.

Hors concours.

Manufacture royale de Berlin. (Établissement public.) — Objets
d'art et autres en porcelaine....................................   1
Manufacture de Meissen. (Établissement public.) — Vases, figu-
gures, services, candélabres, etc................................   21
Paul et Émile **March** (membre du jury), à Charlottenbourg. — Objets
en terre cuite...   25

Médailles d'argent.

J. **Villeroy** et **Boch**, à Mettlach. — Objets en grès............   4
Tielsch et Cie, à Altwaser. — Services de table...............   3

Médailles de bronze.

F.-C. **Fikentscher**, à Kwickau. — Appareils chimiques en grès.... 23
Ch. **Krister**, à Valdenbourg. — Porcelaines diverses................. 2

Mentions honorables

Macheleids, Triebner et Cie, à Vork-Hess.—Porcelaines et figurines 9
F. **Merkelbach**, à Grenzhausen. — Vases et cruches à bière....... 8
P. **Gerz**, à Hoher. — Cruches à bière ornées.................. 11

COOPÉRATEURS.

Médailles de bronze.

Mantel aîné, chef d'atelier à la manufacture royale de Berlin....... 1
Looschen, chef de peinture à la manufacture royale de Berlin...... —
Kieffer, chef modeleur chez MM. J. Villeroy et Boch.............. 4
Leuterite, chef modeleur et d'atelier à la manufacture royale de
   Meissen... 21
Cadet **Mantel**, modeleur à la manufacture de Berlin.............. —
Fack, modeleur à la manufacture de Berlin..................... —
Fischer, à la manufacture royale de Berlin.................... —
Kuhn, à la manufacture royale de Berlin...................... —
Muller aîné, chef d'atelier de peinture à la manufacture royale de
   Meissen... —
Cadet **Muller**, peintre de portraits et professeur.............. —

CLASSE 18

TAPIS, TAPISSERIES ET AUTRES TISSUS D'AMEUBLEMENT.

Hors concours.

Leisler (membre du jury), à Hanau. — Tapis................ 2

Médailles d'argent.

Krugmann et **Haarhaus,** Elberfeld. — Reps velours.............. 6
Ch. **Mengen,** à Viersen. — Velours............... 14
Gevers et **Schmidt,** à Schmiedeberg. — Tapis............... 18
Robert **Hösel** et Cie. — Damas............... —

Médailles de bronze.

Protzen et fils, Berlin. — Tapis............... 9
Th. **Kuhn** et Cie, Cottbus. — Tapis............... 28
Léopold **Schœller** et fils, tapis............... 1
E. **Becker** et **Hoffbauer,** Berlin. — Tapis............... 12

Mentions honorables.

Burkard-Muller, à Fulda. — Reps imprimés............... 15
Burchardt et fils, à Berlin. — Toile cirée,............... 7
Plant et **Schreiber,** à Jesnitz. — Tapis de table............... 20
Charles **Roskamp,** à Springe. — Tapis............... 13
Ch. **Breiding** et **Sohne,** à Soltau. — Tapis de feutre............... 19
Korte et Cie, à Herfort. — Tapis............... —
Jean **Siemsen.** — Tapis de coco............... 26

CLASSE 20

COUTELLERIE.

Médailles d'argent.

Herder fils, à Solingen. — Coutellerie de table, ciseaux et sécateurs.. 3
Kratz, à Solingen. — Coutellerie fermante............... 2

Médaille de bronze.

Schwarte, à Solingen. — Couteaux fermants et rasoirs............... 1

CLASSE 21

ORFÉVRERIE.

Médaille d'or.

COOPÉRATEUR.

Médaille de bronze.

CLASSE 22

BRONZES D'ART, FONTES D'ART DIVERSES, OBJETS EN MÉTAUX REPOUSSÉS.

Médailles d'or.

Médaille d'argent.

Médailles de bronze.

CLASSE 23

HORLOGERIE.

CLASSE 24

APPAREILS DE CHAUFFAGE ET D'ÉCLAIRAGE.

Médailles de bronze.

Elster, à Berlin. — Appareils à gaz...................................... 77
Vidal, à Fernsicht. — Chauffage...................................... 6
Puricelli, à Rheinbœlerhutte. — Chauffage...................................... 15
Wild et Wessel, à Berlin. — Éclairage minéral...................................... 3
Comte de Eisendel, à Lauckammer. — Chauffage...................................... —

Mentions honorables,

Friedrichs, à Cologne. — Chauffage...................................... 8
Koerner et Cie, à Berlin. — Éclairage minéral...................................... 19

COOPÉRATEURS.

—

Médaille d'argent,

Kuhmann, chef de l'atelier des bronzes chez M. Stobwasser depuis
25 ans...................................... —

Médaille de bronze.

Ernecke, maître ferblantier chez M. Stobwasser depuis 30 ans...... —

Mention honorable.

Stilber, chef de l'atelier de peinture sur porcelaine chez M. Stobwasser. —

CLASSE 25

PARFUMERIE.

—

Médaille d'argent.

Rieger, à Francfort. — Parfumerie, savons...................................... 12

Médailles de bronze.

Jung, à Leipzig. — Parfumerie...................................... 14
Jean-Marie **Farina,** vis-à-vis la place Julliers, à Cologne. — Eau de
  Cologne 19

Mentions honorables.

J.-A. Farina, à Cologne. — Eau de Cologne........................ 18
Marc **Martin.** — Eau de Cologne................................... —

CLASSE 26

OBJETS DE MAROQUINERIE, DE TABLETTERIE ET DE VANNERIE.

Médaille de bronze.

Engeler et fils, à Berlin. — Brosses-pinceaux, électriques et galvaniques. 1

Mentions honorables.

J.-L. Meuschke fils, à Altenbourg. — Brosserie................... 9
J.-J. Kullrich, à Berlin. — Maroquinerie........................ 5
F. **Vité,** à Berlin. — Nécessaire et porte-monnaie................ —

AGRICULTURE ET INDUSTRIE

GROUPE IV

VÊTEMENTS (TISSUS COMPRIS) ET AUTRES OBJETS PORTÉS PAR LA PERSONNE

CLASSE 27

FILS ET TISSUS DE COTON.

Hors concours.

Wolff, à Gladbach (membre du Jury). — Fils et tissus............... 27

Médaille d'or.

Exposition collective du district de Gladbach. — Fils de
coton et tissus.. —

Médailles d'argent.

Manufacture de Linden. — Tissus de coton..................... 21
Rolffs et Cie, à Cologne. — Tissus imprimés..................... 4
Wolff-Nathan, à Berlin. — Tissus imprimés 27
Goldschmidt, à Berlin. — Tissus imprimés........................ 28
Liebermann, à Berlin. — Tissus imprimés 26
Mitscherlich, à Eilenbourg. — Fils de coton..................... 20

Médailles de bronze.

Heidenreich, à Witzschdorf. — Retors............................ 39
Hoeffer, à Tarmenberg. — Filés et retors......................... 41
Licermann et **Mœhlau,** à Düsseldorf. — Tissus.................. 6
Dierig, à Ober-Langenbielau. — Tissus........................... 32
Joseph **Grunfeld,** à Heiligenstadt. — Tissus mélangés............. 19
Postpischil, à Langenbielau. — Tissus pour pantalons 31

CLASSE 28

FILS ET TISSUS DE LIN ET DE CHANVRE.

Hors concours.

G. **Mévissen** (membre du Jury), à Dülken. — Fils de lin................. 34
Schöller, Mévissen et **Bückler** (Mévissen, membre du Jury), à
Düren. — Fils de lin... 26

Médailles d'or.

**Exposition collective des fabricants de toiles et fils de
Bielefeld** .... —
Proelss fils, à Dresde. — Damassés................................. 58
Kramsta et fils, à Fribourg. — Toiles............................... 53
Filature et tissage mécanique d'Ermannsdorf. — Toiles..... 68

Médailles d'argent.

J.-G. **Queissen**, à Lauban, mouchoirs................................ 46
C.-G. **Neumann**, à Eylau. — Toiles légères, etc................... 60
S. **Frankel**, à Neustadt. — Toiles unies et damassées.............. 44
Gruschevitz et fils, à Neulsalz-s.-Oder. — Fils.................. 67
Helling. — Toiles à voiles... —
R. **Sternenberg**, à Schwelm. — Toiles et coutils damassés......... 5
Société anonyme de Viersen, pour la filature et la fabrication de
tissus de fils de lin... 37
J. **Weinert** et fils, à Lauban. — Mouchoirs........................ 48
Aschrott, à Cassel. — Toiles larges............................... 42

Médailles de bronze

Methner frères, à Landeshut. — Toiles............................. 63
C.-G. **Delius** et Cie, à Versmold. — Fils et toiles................. 30
Wautig et Cie, à Zittau (Saxe). — Coutils........................ 62
Alberti, à Hirschberg. — Damassés................................. 65
B.-M. **Weinstein**, à Forsterbourg. — Fils.......................... 66

CLASSE 29

FILS ET TISSUS DE LAINE PEIGNÉE.

Hors concours.

Médaille d'or.

Médailles d'argent.

CLASSE 30

FILS ET TISSUS DE LAINE CARDÉE.

Mentions honorables.

Mentions honorables.

CLASSE 51

FILS ET TISSUS DE SOIE.

Médaille d'or.

Médailles d'argent.

Diergardt, à Viersen. — Velours 1
Schumacher et **Schmidt**, à Wezmelskizchen. — Rubans........... 6

Médailles de bronze.

C.-W. Oehme, à Berlin. — Peluches.............................. 9
Liebermann et fils, à Berlin. — Soies écrues et teintes............... 8
Gebhardt et Cie, à Elberfeld. — Soieries.......................... 2

Mentions honorables.

Holzermann frères, à Gladbach. — Velours 3
Wollschwitz, à Zerbst. — Pannes de soie........................ 10
J. Mertens et Cie, à Crefeld. — Rubans 5
Fischer frères et Cie, à Mulheim. — Rubans........................

COOPÉRATEURS.

Médaille d'argent.

Vilmen-Franc, contre-maître, présenté par M. F. Diergardt, à Viersen. 1

Médailles de bronze

Engilbert **Berger**, contre-maître, présenté par M. A. Diergardt, à
Vierzen.. 1
Jacob **Schwengers**, contre-maître, présenté par M. A. Diergardt, à
Vierzen.. 1
H. **Pütmann**, chef d'atelier, présenté par M. A. Diergardt, à Crefeld. 1
Frédéric **Kehen**, contre-maître, présenté par M. G. Diergardt, à
Vierzen.. 1

Mentions honorables.

P. **Ruppertz**, chef d'atelier, présenté par M. P. Diergardt, à Viersen. 1
M. **Goertz**, chef d'atelier, présenté par M. P. Diergardt, à Viersen..... 1
J. **Molls**, ourdisseur, présenté par M. P. Diergardt, à Viersen 1

CLASSE 32

CHALES.

Médailles de bronze.

A. Hoddich, à Berlin. — Châles tartans 3
Caspersohn et **Levy,** à Berlin. — Châles brochés 7
David et **Silbert.** — Châles brochés........................... —
E. Nessel. — Châles tartans................................... 5

Mentions honorables.

Haensch, à Berlin. — Châles brochés........................... 1
Marckwaldt et **Werner,** à Berlin. — Châles tartans 8

CLASSE 33

DENTELLES, TULLES, BRODERIES ET PASSEMENTERIES.

Médailles de bronze.

Hietel, à Leipzig. — Broderies............................... 2
J.-J. Wechsellmann, à Berlin. — Dentelles...................... 12
Schaerff, à Brieg. — Passementeries.......................... 3
Naake, à Berlin. — Passementeries............................ 10
Botteher et **Weigand,** à Berlin. — Broderies, laines et soies...... 6
Ch.-A. **Jahn,** à Plauen. — Mouchoirs.......................... 21
Schnorr et **Steinrœuser,** à Plauen. — Mouchoirs, bandes........ 22

Mentions honorables.

Mammen et Cie, à Plauen. — Broderies, passementerie............. 23
Hertz et **Wegener,** à Berlin. — Dessins pour broderies............ 15
Burtich, Dietrich et Cie. — Passementeries.................... —

CLASSE 34

BONNETERIE, LINGERIE ET OBJETS ACCESSOIRES DU VÊTEMENT.

Médailles d'argent.

Médailles de bronze.

Mentions honorables.

CLASSE 35

HABILLEMENT DES DEUX SEXES.

Médaille d'argent.

Wilke, à Guben. — Chapeaux 10

Médailles de bronze.

Elster, à Berlin. — Chapeaux de paille 12
Roessler, à Hanau. — Chapeaux 7
Mme H.-W. **Klemma**, à Barmen. — Fleurs 9-33

Mentions honorables.

Muller, à Berlin. — Chapeaux 1
Simon, à Saint-Arnual. — Chapeaux de paille 13
Oppermann, à Berlin. — Chaussures 17
Langenikel, à Gotha. — Chaussures 18
Gottlibsen, à Schleswig. — Chaussures 20
Georges **Krafft**, à Wetzlow. — Cheveux 15

CLASSE 36

JOAILLERIE ET BIJOUTERIE.

Médaille d'argent.

Goldschmidt, à Francfort. — Bijouterie et joaillerie 12

Médailles de bronze.

Week, à Idar (Oldenbourg). — Bijouterie lapidés 11
Weishaupt, à Hanau. — Bijouterie or 1
Stenheur et Cie, à Hanau. — Bijouterie 3

CLASSE 37

ARMES PORTATIVES.

———

Médailles d'or.

Industrie armurière de la ville de Sollingen. — Armes blanches... —

Médailles d'argent.

Kirschbaum, à Sollingen. — Armes blanches...................... 6
Barella, à Berlin. — Armes de luxe.............................. 7
Berger et Cie, à Wietten. — Canons de fusil en acier............ —
Krombiegel-Collenbursh, à Sommerda. — Capsules............ 1

Médailles de bronze.

Schilling, à Suhl. — Armes de chasse........................... 5
Kœnig et **Rennert,** à Annen. — Armes à feu................... 11
Brun et **Bloem,** à Dusseldorf. — Capsules..................... 2

Mention honorable.

Leue et **Timpe,** à Berlin. — Armes à feu..................... 3

———

CLASSE 39

BIMBELOTERIE.

———

Médailles de bronze.

A. Osius. — Jouets en bois..................................... 2
Scheibner. — Jouets en bois et en fer-blanc.................... 3
J.-U. Schindler, contre-maître chez M. Osius.................. —

AGRICULTURE ET INDUSTRIE

GROUPE V

PRODUITS (BRUTS ET OUVRÉS) DES INDUSTRIES EXTRACTIVES.

CLASSE 40

PRODUITS DE L'EXPLOITATION DES MINES ET DE LA MÉTALLURGIE.

Hors concours.

Grand prix.

Médailles d'or.

COOPÉRATEURS.

Médaille d'argent.

Dr Wedding, à Berlin. — A classé la collection des propriétaires des mines de la Prusse.

Médailles de bronze.

Bischoff, directeur des salines à Stassfurt. — Découverte du sel de potasse.

Stein, ingénieur des mines, à Dietz. — Découverte des phosphorites de Nassau.

Dr Drewermann. — Découverte et utilisation des phosphorites de Westphalie.

CLASSE 41

PRODUITS DES EXPLOITATIONS ET DES INDUSTRIES FORESTIÈRES.

Mentions honorables.

CLASSE 42

PRODUITS DE LA CHASSE, DE LA PÊCHE ET DES CUEILLETTES.

Mention honorable.

Fr. Keller et **Immisch**, à Weissenfelsd-Saxe. — Dos de petits-gris (Cl. 46) 1

CLASSE 43

PRODUITS AGRICOLES (NON ALIMENTAIRES) DE FACILE CONSERVATION.

Médailles d'or.

Société centrale d'agriculture de la Silésie, à Breslau.... —
Le baron **de Maltzahn**, à Lenschoro. — Laines.................... —

Médailles d'argent.

R. Lehmann, à Nitsche. — Laines........................... 17
Thaer, à Mœglin. — Laines................................. 53
Bruenneck, à Bellschwitz. — Laines....................... 3
Hoffschlager, à Weisen. — Laines......................... 78

Médailles de bronze.

Neumann, à Gœdebehm. — Laines............................ 84
De Behr, à Vargatz. — Laines.............................. 55
De Homeier, à Ranzin. — Laines........................... 54
Kruger, à Combs. — Laines................................ 79
De Passow, à Grambow. — Laines........................... 85
Holtz, à Saael. — Laines................................. 57
Fred. Meyenn, à Gresse. — Laines......................... 38

Mentions honorables.

CLASSE 44

PRODUITS CHIMIQUES ET PHARMACEUTIQUES.

Hors concours.

Hasenclerer (membre du Jury), à Aix-la-Chapelle. — Industrie soudière et produits divers ....

Médailles de bronze.

CLASSE 45

SPÉCIMENS DES PROCÉDÉS CHIMIQUES DE BLANCHIMENT, DE TEINTURE,
D'IMPRESSION ET D'APPRÊT.

Hors concours.

Bergmann et Cie (membre du jury)................................. —

Médailles d'argent.

Hertz et **Wegner**, à Berlin. — Fils de laine teints en toutes couleurs... 7

Burkard-Muller, à Fulda. — Fils de laine teints en toutes couleurs. 6

CLASSE 46

CUIRS ET PEAUX.

Mentions honorables.

AGRICULTURE ET INDUSTRIE

GROUPE VI

INSTRUMENTS ET PROCÉDÉS DES ARTS USUELS.

CLASSE 47

MATÉRIEL ET PROCÉDÉS DE L'EXPLOITATION DES MINES ET DE
LA MÉTALLURGIE.

Hors concours.

Médaille d'argent.

Médaille de bronze.

Mentions honorables.

COOPÉRATEURS.

Médailles de bronze.

CLASSE 48

MATÉRIEL ET PROCÉDÉS DES EXPLOITATIONS RURALES ET FORESTIÈRES.

Hors concours.

Médaille d'or.

Médaille de bronze.

Mentions honorables.

CLASSE 50

MATÉRIEL ET PROCÉDÉS DES USINES AGRICOLES ET DES INDUSTRIES
ALIMENTAIRES.

Hors concours.

Baillage royal de Burbach, à Burbach. — Meules (Classé par
le jury de groupe au rang des médailles de bronze)............... —

Médailles d'argent.

J. **Aders**, à Neustadt-Magdebourg. — Appareils pour sucreries...... 1
A. **Munnich** et Cie, à Chemnitz. — Appareils pour brasseries et —
distilleries... 3

Médailles de bronze.

G.-E. **Landwehr**, à Berlin. — Soie pour bluteries............... 2
A. **Algoever**, à Breslau. — Crible......................... 5
Hertel et Cie, à Nienbourg. — Machine à briques............. —
C. **Jehlickeysen**, à Berlin. — Machine à briques............. —

Mentions honorables.

R. **Dinglinger**, à Coethen. — Essoreuses à sucre............... 4
Henekel et **Seck**, à Francfort-sur-le-Mein. — Machine pour moudre
les grains.. 7
F.-X. **Michels**, à Andernach. — Meule...................... —
F. **Wegner**, à Stettin. — Meule........................... —
C. **Mosqua**, à Hildesheim. — Meules...................... —
S. **Landau**, à Niedermendig. — Pierres meulières............. —
F.-G. **Léonardy**, à Trèves. — Meules...................... —

CLASSE 51

MATÉRIEL DES ARTS CHIMIQUES, DE LA PHARMACIE ET DE LA TANNERIE

Médailles d'argent.

E.-A. **Lentz**, à Berlin. — Appareils pour distilleries.................... 6
H.-G. **Vygen** et Cie, à Duisbourg. — Produits réfractaires........... —
Warbruon, Quilitz et Cie, à Berlin. — Appareils de laboratoire.. 10
Heraus, à Hanau. — Fabrication de platine....................... —

Médailles de bronze.

H.-E.-L. **Stender**, à Glashutte. — Verrerie de laboratoire............. 2
Zoelle frères, à Herdecke-sur-le-Rühr. — Etreindelles 1
A. **Kropff** et Cie, à Nordhausen. — Appareil pour fabriquer des
  eaux gazeuses.. 5

Mentions honorables.

F.-C. **Tikentscher**, à Twickau. — Appareils en terre cuite........... 3
G. **Bitter**, à Bielefeld. — Appareils pour pharmaciens............. 8

CLASSE 53

MACHINES ET APPAREILS DE LA MÉCANIQUE GÉNÉRALE.

Médaille d'or.

N.-A. **Otto** et E. **Langen**, à Cologne. — Machine à gaz.......... 15

Médailles d'argent.

P.-A. **Egells**, à Berlin. — Presse hydraulique..................... 17
Schaeffer et **Budenberg**, à Buckau. — Manomètres 1

Médailles de bronze.

J.-H. **Bleyenheuft**, à Aix-la-Chapelle. — Courroies.....   7

F. **Gaebert**, à Berlin. — Robinetterie ....   —

L. **Jaeger**, à Burtscheid. — Machine à vapeur ....   —

M.-H. **Kernaul**, à Berlin. — Fabrication de vis   25

Langen, à Cologne. —Grille étagée ....   —

D.-A. **Lohdefink**, à Hanovre. — Manomètres ....   —

J. **Pintsch**, à Berlin. — Compteur à gaz ....   —

W. **Van den Rydt**, à Aix-la-Chapelle. — Pompe à incendie.......   27

Siemens et **Halske**, à Berlin. — Alcoomètre, compteur à eau......   12

M. **Webers**, à Berlin. — Locomobiles...................   16

Mentions honorables.

Bleyenheuft et **Milliard**, à Eupen. — Courroies   7

Camozzi et **Schlosser**, à Francfort-sur-le-Mein. — Graisseur   6

Dopp frères, à Berlin. — Balances...................   20

S. **Elster**, à Berlin. — Compteur à gaz ....   —

Heucken frères et Cie, à Aix-la-Chapelle. — Appareils de graissage.   5

C. **Heucken** et Cie, à Aix-la-Chapelle. — Courroies................   9

F. **Schauerte**, à Fridebourg. — Courroies   10

C. **Schiele**, à Francfort-sur-le-Mein. — Ventilateur   18

C.-J. **Stumpf**, à Wiesbaden. — Soupape hydraulique...............   2

Usine de Bochum. — Machine à vapeur...................   14

CLASSE 54

MACHINES-OUTILS.

Médaille d'or.

J. **Zimmermann**, à Chemnitz. — Machines-outils pour le travail du
fer et du bois   11

Médaille d'argent.

R. **Hartmann**, à Chemnitz. — Machines-outils................   10

Médaille de bronze.

Hertel et Cie, à Nienbourg. — Machine à briques................... 10

Mentions honorables.

Wagner et Cie, à Dortmund. — Machines-outils.................... 2
G. **Sigl**, à Berlin. — Machines-outils.......................... 1

CLASSE 55

MATÉRIEL ET PROCÉDÉS DU FILAGE ET DE LA CORDERIE.

Médaille d'or.

R. **Hartmann**, à Chemnitz. — Machines pour la filature de la laine
et du coton... 20

Médaille d'argent.

G. **Héckel**, à Saint-Jehann. — Cordages........................ 7

Médaille de bronze.

Vennemann et Cie, à Bochum. — Câbles de fil de fer 10

Mentions honorables.

V. **Raek**, à Erdmannsdorf. — Machine à tiller le lin et à nettoyer
l'étoupe de lin... 16
T. **Uhlhorn**, à Grevenbroich. — Garnitures de cadres 100

CLASSE 56

MATÉRIEL ET PROCÉDÉS DU TISSAGE.

Médailles d'argent.

A. **Thomas**, à Berlin. — Machines à apprêter...................... 4
L. **Schœnherr**, à Chemnitz.— Métiers automatiques à tisser.......... 6

Médailles de bronze.

A. **Moser**, à Aix-la-Chapelle. — Machines à apprêter les tissus...... 2
Schlenter et Cie, à Aix-la-Chapelle. — Lames de tondeuse.......... 4
Heusch et **Æbel**, à Aix-la-Chapelle. — Lames de tondeuse........ 5
J.-C. **Biallon**, à Berlin. — Machines à apprêter les tissus 8

CLASSE 57

MATÉRIEL ET PROCÉDÉS DE LA COUTURE ET DE LA CONFECTION DES VÊTEMENTS.

Médailles de bronze.

D.-A. **Lohdefink**, à Hanovre. — Machine à coudre.................... 5
Baer et **Rempel**, à Bielefeld. — Machine à coudre................... 8
Pollock et **Schmidt**. — Machine à coudre........................... —
E. **Bruckner**, à Berlin. — Machine à coudre........................... 1

CLASSE 58

MATÉRIEL ET PROCÉDÉS DE LA CONFECTION DES OBJETS DE MOBILIER ET D'HABITATION.

(Néant.)

CLASSE 59

MATÉRIEL ET PROCÉDÉS DE LA PAPETERIE, DES TEINTURES
ET DES IMPRESSIONS.

Médailles de bronze.

Klein, Forst et **Bohn**, à Johannisberg. — Presses typographiques.   1
J. Bialon. — Presses typographiques; impression de papiers de tenture..   —

CLASSE 60

MACHINES, INSTRUMENTS ET PROCÉDÉS USITÉS DANS DIVERS TRAVAUX.

(Néant.)

CLASSE 61

CARROSSERIE ET CHARRONNAGE.

Médailles de bronze.

J. Neuss, à Berlin. — Voitures.....................................   1
M. Hansen, à Aix-la-Chapelle. — Voitures.........................   2

CLASSE 62

BOURRELERIE ET SELLERIE.

Médaille d'argent.

G.-J. Erh et **Heise,** à Berlin. — Selles et harnais,..............   2

Médaille de bronze.

F. Steinmetz, à Berlin. — Selles et harnais............................ 1

Mention honorable.

F. Hartmann, à Berlin. — Selles et harnais........................ 3

CLASSE 63

MATÉRIEL DES CHEMINS DE FER.

Hors concours.

Direction royale du chemin de fer de la basse Silésie.... 17
Direction royale du chemin de fer de l'Est............... 19

Médaille d'or.

A. Borsig. — Locomotive et tender....................... 1

Médailles d'argent.

Société des mines et usines de Bochum. — Roues et pièces
en acier fondu.. —
Société pour la fabrication du matériel roulant des chemins de fer à Berlin. — Voitures et wagons-poste........... 4
Schmidt et Cie, à Breslau. — Wagon en tôle.............. 3
A. Gruson, à Magdebourg. — Roues et croisements en fonte. 8

Médaille de bronze.

Van der Zypen et **Charlier**, à Cologne. — Grue roulante et ferrures de wagon.?.. 7

Mentions honorables.

Schulz-Knaudt et Cie, à Esse. — Plaques de tôle pour chaudières. 10
J.-C. Lüders aîné, à Gœrlitz. — Voitures à voyageurs et wagons... 13
H. Kolesch, à Stettin. — Signaux de chemins de fer.............. 24

CLASSE 64

MATÉRIEL ET PROCÉDÉS DE LA TÉLÉGRAPHIE.

Hors concours.

Siemens et **Halske** (Siemens, membre du jury), à Berlin........... 2
Direction royale du service télégraphique à Berlin. — Appareils et matériel télégraphiques (Classé par le jury de groupe au rang des grands prix)..................... 1

Médaille d'argent.

Felten et **Guillaume.** — Câbles télégraphiques..................... —

Médailles de bronze.

G. Gurlt, à Berlin. — Appareils télégraphiques..................... 4
G. Horn, à Berlin. — Appareils télégraphiques..................... 3
M. Levin, à Berlin. — Appareil électro-magnétique..................... 5
Belle, à Berlin. — Système de signaux d'alarme..................... —

Mentions honorables.

C.-J. Vogel, à Berlin. — Fils isolés..................... 7
B. Behrend, à Coeslin. — Bandes de papier pour impressions télégraphiques..................... 6

COOPÉRATEUR.

Médaille de bronze.

Scholtz, à Berlin. — Directeur des ateliers de la maison Siemens et Halske..................... —

CLASSE 65

MATÉRIEL ET PROCÉDÉS DU GÉNIE CIVIL DES TERRAINS PUBLICS
ET DE L'ARCHITECTURE.

Hors concours.

Grand prix.

Médailles d'argent.

Médailles de bronze.

Mentions honorables.

CLASSE 66

MATÉRIEL DE LA NAVIGATION ET DU SAUVETAGE.

Médailles de bronze.

AGRICULTURE ET COMMERCE

GROUPE VII

ALIMENTS FRAIS OU CONSERVÉS À DIVERS DEGRÉS DE PRÉPARATION.

CLASSE 67

CÉRÉALES ET AUTRES PRODUITS FARINEUX COMESTIBLES,

AVEC LEURS DÉRIVÉS.

Hors concours.

Médailles d'or.

Médailles d'argent.

CLASSE 68

PRODUITS DE LA BOULANGERIE ET DE LA PATISSERIE.

———

(Néant.)

———

CLASSE 69

CORPS GRAS ALIMENTAIRES, LAITAGE ET OEUFS.

———

Mention honorable.

Carl Friendenthal, à Giessmendorf. — Fromages.................... —

———

CLASSE 70

VIANDES ET POISSONS.

———

Médailles d'argent.

Bonne, à Rheda. — Jambons de Westphalie.................... —

Médailles de bronze.

Directeur de la Société d'économie rurale, à Arnsberg. — Jambons..................... —

Bauté et Cie, à Camen. — Jambons.................... —

Comte **de Cleist,** à Juchow-Neustettin. — Jambons .... —

Mentions honorables.

Auerbach, à Gotha. — Andouilles.................... —

Meyer-Bech, à Francfort. — Extrait de viande .... —

CLASSE 71

LÉGUMES ET FRUITS.

Médailles d'argent.

Gruneberg, à Berlin. — Pois, cerises .... —
...owitz, à Doberan. — Haricots verts................................. —
Société d'agriculture de la Baltique. — Pois, haricots, fèves. —
Seidel, à Grunberg. — Poires, prunes................................ —

Médailles de bronze.

Académie d'Eldena. — Haricots et pois............................... —
Les domaines d'Arndorff. — Pommes de terre.................. —
Goède, à Ambriths. — Pois.. —

Mentions honorables.

Neide, à Sieschivetz. — Pois.. —
Louis **Praga**, à Erfurt. — Haricots, fèves............................. —
Académie de Poppelsdorf, à Bonn. — Pommes de terre ....
Domaine de Schwiben. — Produits variés........................... —
De Meuss, à Laussen. — Produits variés.............................. —
Krug-Ober, à Kunzendorf. — Produits variés...................... —
Heuze, à Weichnitz. — Produits divers............................... —

CLASSE 72

CONDIMENTS ET STIMULANTS ; SUCRES ET PRODUITS DE LA CONFISERIE.

Médailles d'or.

Benecke, **Heeker** et Cie, à Stassfurt. — Raffinade................... —
Jacob **Henuige**, à Neustadt-Magdebourg. — Métis...................

Zuckerfabrick-Waghaeusel. — Raffinades et candis............? —

Wiede Klamroth, à Halberstadt. — Sucre brut................. —

Zuckerfabrick Glaurig. — Métis.......................... —

Médailles d'argent.

J.-A. **Roeder,** à Cologne. — Liqueurs.................... —

J.-A. **Gilka,** à Berlin. — Liqueurs...................... —

C.-L.-H. **Fischer,** à Calbe. — Raffinage et métis........... —

A.-L. **Sombart** et Cie, à Ermsleben. — Sucres bruts......... —

A. **Rimpau,** à Schlamstedt. — Sucres bruts................ —

Jonas et **Lingner,** à Garden. — Sucres bruts............ —

C.-A. **Maquet,** à Magdebourg. — Métis................... —

E. **Seeliger,** à Brunswick. — Métis...................... —

I.-H. **Grassau** et fils. — Candis......................... —

I.-Aug. **Coqui-Plotzkau,** à Anhalt. — Sucres bruts......... —

Zuckerfabrick de Waldau. — Sucres bruts en gros cristaux...... —

Hermann-Wittekopp et Cie, à Brunswick. — Chocolats......... —

Médailles de bronze.

A. **Roeder,** à Wiesbaden. — Fruits confits et sucres.......... —

Hugo **Kaussendorf,** à Berlin. — Liqueurs.................. —

Underberg-Albrecht, à Rheinberg. — Liqueurs............. —

Dammam et **Kordes,** à Thorn. — Liqueurs............... —

Ciessen et **Sudermann,** à Elburg. — Liqueurs............ —

Ed. **Kantorowitz,** à Berlin. — Liqueurs.................. —

H.-A. **Kuppersmidt,** à Dantzig. — Liqueurs............... —

Franz **Stollwerk,** à Cologne. — Chocolats et bonbons........ —

A. **Niessen,** à Dantzig. — Liqueurs..................... —

Seidel et Cie, à Breslau. — Liqueurs.................... —

Louis **Akermann,** à Berlin. — Liqueurs.................. —

Bauman et **Maquet,** à Breslau. — Liqueurs............. —

H.-L. **Bauek,** à Bleckendorf. — Liqueurs................ —

J. **Jacob, von Rath** et Cie, Koberivitz. — Liqueurs......... —

Frenzel, Scherzer et Cie, à Neuhof. — Sucres bruts de betterave... —

Actienzuckerfabrick, à Frendelbusch. — Sucres bruts de betterave. —

Zuckerfabrick, Holland. — Raffinade, métis.............. —

Zuckersiederei, à Gutschdorf. — Sucres bruts et métis........ —

Heber **Zuckerfabriek**, à Irleben. — Raffinade et métis.............. —
J.-W. **Metlmer**, à Jacobsdorf. — Sucre brut et métis.............. —
Carl **Friedenthal**, à Gemansdorf. — Sucre de lait.............. —
Ed. **Heymen**, à Potsdam. — Liqueurs.............. —
De **Beurmann**, à Oppin. — Sucres bruts.............. —
Barleber-Zuckerfabriek. — Sucres en gros cristaux.............. —
Zuckerfabrik-Brelina. — Sucres bruts.............. —
Zuckeschwerdt, à Nieburg. — Sucres bruts.............. —

Mentions honorables.

F. **Heime**, à Halberstadt. — Sucres bruts.............. —
Regierungorath Honig, à Egelas. — Sucres bruts.............. —
F.-W. **Spielberg** et Cie, à Volksteet. — Sucres bruts.............. —
Wrede et **Solin**, à Oschersteben. — Sucres bruts.............. —
Wiersdorf, Heckerel et Cie, à Groningen. — Sucres bruts.............. —
Berge, Braun et Cie, à Hederleben. — Sucres bruts.............. —
Wrede-Schutze et Cie, Kl. Groningen. — Sucres bruts.............. —
H. **Facke**, à Berlin. — Sucres bruts.............. —
Gebrueder-Koppe, à Letschin. — Sucres bruts.............. —
De **Munchausen, Niederschwedeldorf**. — Sucres bruts.............. —
Actienzuckerfabriek Neuwert. — Sucres bruts.............. —
A.-F. **van Heuvel Wittroe**, à Sindey. — Candis.............. —
Zuckerfabriek Allstedt. — Sucres bruts.............. —
F. **Wieke**, à Wildungen. — Candis.............. —
Pritzkoio, à Berlin. — Liqueurs.............. —
Wilke, à Berlin. — Liqueurs.............. —
Janath, à Bernoig. — Liqueurs.............. —
Kohbe et **Berger**, à Magdebourg. — Liqueurs.............. —
Seeler et **Moiske**, à Francfort-sur-Oder. — Liqueurs.............. —
Drooven, à Coblentz. — Liqueurs.............. —
Kirchener et **Meuze**, à Arolsen. — Liqueurs.............. —
Warst et **Rademacher**, à Unna. — Liqueurs.............. —
J.-F. **Tielemann**, à Bendorf — Chicorée.............. —
Joh. **Weyer**, Coln. — Pastilles de menthe.............. —
R. **Heydein**, à Hambourg. — Chocolats et dragées.............. —
F. **Greve**, à Stirisberg. — Liqueurs.............. —
E.-F. **Hornburg**, à Barby. — Liqueurs.............. —
F. **Voss**, à Preetz. — Liqueurs.............. —

Stahlrerg, à Stettin. — Liqueurs .... —
Rademacher, à Gangel. — Liqueurs............................ —
G. et W. **Meyer,** à Breslau. — Sirops........................... —
Kopp frères, à Stesel. — Punch................................ —
Hermann Stie, à Cologne. — Liqueurs......................... —
W. **Weithopp** et Cie, à Cologne. — Liqueurs .... —
Radicke et Cie, à Grunberg. — Liqueurs...................... —
Jos. **Sellner,** à Dusseldorf. — Punch........................... —
Daubliz, à Berlin. — Liqueurs................................. —
Jodocus **Robertz,** à Cologne. — Liqueurs..................... —
J.-K. **Galen,** à Obrighoven. — Gelée de fruits................ —
H.-B. **Wilms,** à Flensburg. — Vinaigre.......................... —
Johan **Woocker,** à Cologne. — Extrait de café................ —

CLASSE 73

BOISSONS FERMENTÉES.

Hors concours.

J.-A. **Gilka,** à Berlin. (Associé au jury.)...................... —

Médailles d'or.

Domaine de Johannisberg. — Vins du prince Metternich......... —
Siegfried, à Rauenthal. — Grands vins du Rhin.................. —
Koenig, à Rauenthal. — Grands vins du Rhin.................... —
Wieskirch, à Rauenthal. — Grands vins du Rhin................ —
Wilhelmi, à Rauenthal. — Grands vins du Rhin................. —
J.-A. **Probst,** à Rudesheim. — Grands vins du Rhin............. —
Dilthey-Sahl, à Rudesheim. — Grands vins du Rhin............ —
Commune d'Eltville. — Grands vins du Rhin................... —

Médailles d'argent.

Commune de Gensenheim. — Vins blancs..................... —
F. **Kehrmann,** à Coblentz. — Vins mousseux................... —

Diederich et **Ewald**, à Rudesheim.— Vins mousseux............ —
Math. **Muller**, à Eltville. — Vins mousseux..................... —
J.-B. **Urbach**, à Cologne. — Vins mousseux.................... —
G.-A. **Kalbaum**, à Berlin. — Trois-six d'industrie............ —
G.-M. **Pabstmann**, à Horheim. — Vins blancs................. —

Médailles de bronze.

Buderus et Cie, à Niedermendig. — Bière................... —
Baron de **Reckun**, à Creutznach. — Vins blancs............. —
Le prince de **Neuwied**.— Vin rouge de Runckel............. —
H.-S. **Aschrott** aîné, à Halsheim. — Vins blancs............ —
C.-Th. **Trayers**, à Zorch. — Vins blancs.................... —
Fabrique de vin mousseux du Rhingau. — Vins mousseux.. —
M.-J. **Kreutzberg**, à Ahrsciber. — Vins rouges de l'Ar........ —
R. **Neuemburg**, à Linz. — Vins rouges.................... —
Le curé **Schroeder**, à Camp. — Vins rouges............... —
Geiger et Cie, à Creutznach. — Vins mousseux............ —
Stoeck et fils, à Creutznach. — Vins mousseux............ —

Mention honorable.

Dey et Cie, à Coblentz. — Vins mousseux.............. —

AGRICULTURE ET INDUSTRIE

GROUPE VIII

PRODUITS VIVANTS ET SPÉCIMENS D'ÉTABLISSEMENTS DE L'AGRICULTURE.

CLASSES 74 A 82

Les récompenses ne seront décernées aux Exposants du 8e Groupe qu'à la fin de l'Exposition.

AGRICULTURE ET INDUSTRIE

GROUPE IX

PRODUITS VIVANTS ET SPÉCIMENS D'ÉTABLISSEMENTS DE L'HORTICULTURE

CLASSES 83 A 88

Les récompenses ne seront décernées aux Exposants du 9e Groupe qu'à la fin de l'Exposition.

AGRICULTURE ET INDUSTRIE

GROUPE X

OBJETS SPÉCIALEMENT EXPOSÉS EN VUE D'AMÉLIORER LA CONDITION
PHYSIQUE ET MORALE DE LA POPULATION.

CLASSE 89

MATÉRIEL ET MÉTHODE DE L'ENSEIGNEMENT DES ENFANTS.

Médaille d'or.

S. Exc. M. le Ministre des cultes de Berlin. — Spécimens divers :
Ecole primaire de village 7

Médaille de bronze.

cole des filles d'Aremberg. — Travaux de jeunes filles .... —

CLASSE 90

BIBLIOTHÈQUES ET MATÉRIEL DE L'ENSEIGNEMENT DONNÉ AUX ADULTES
DANS LA FAMILLE, L'ATELIER, LA COMMUNE OU LA CORPORATION.

Médaille d'or.

Union des artisans de Berlin. — Rapports et documents 1

COOPÉRATEURS.

—

———

CLASSE 91

MEUBLES, VÊTEMENTS ET ALIMENTS DE TOUTE ESPÈCE, DISTINGUÉS
PAR LES QUALITÉS UTILES UNIES AU BON MARCHÉ.

———

CLASSE 92

SPÉCIMENS DES COSTUMES POPULAIRES DES DIVERSES CONTRÉES.

Mention honorable.

Le Gouvernement du duché de Saxe. Altenbourg. — Costumes
populaires... 46

CLASSE 93

SPÉCIMENS D'HABITATIONS CARACTÉRISÉES PAR LE BON MARCHÉ UNI
AUX CONDITIONS D'HYGIÈNE ET DE BIEN-ÊTRE.

Médaille d'argent.

Baron **de Behr,** Poméranie. — Maisons pour deux familles d'ouvriers
agricoles..

COOPÉRATEURS.

Médaille d'or.

S. A. R. le prince de Prusse, fondateur et président de la Société
des petits logements, à Berlin..

Médailles d'argent.

Le professeur **Huber,** à Wernigerode, auteur de publications ayant
servi de point de départ à la fondation, à Berlin, d'un premier groupe
de maisons séparées pour la classe ouvrière..........................

Société pour la construction des petits logements, à Berlin. — Constructions pour les ouvriers..................... —

Dr **Lette**. — Berlin.. —

Médaille de bronze.

Hoffmann, à Berlin, architecte, constructeur de logements pour la classe ouvrière dans des maisons disséminées de manière à combattre la séparation des différentes classes................ —

CLASSE 94

PRODUITS DE TOUTES SORTES FABRIQUÉS PAR DES OUVRIERS CHEFS DE MÉTIERS.

(Néant.)

GROUPE X

INSTRUMENTS ET PROCÉDÉS DE TRAVAIL SPÉCIAUX AUX OUVRIERS
CHEFS DE MÉTIERS.

CLASSE 95

Les récompenses ne seront décernées aux exposants de la Classe 95
qu'à la fin de l'Exposition.

NOUVEL ORDRE DE RÉCOMPENSES

ÉTABLISSEMENTS ET LOCALITÉS OU RÈGNENT A UN DEGRÉ EMINENT L'HARMONIE SOCIALE ET LE BIEN-ÊTRE DES POPULATIONS.

Prix.

Le baron **de Diergardt.** Vierzen. — Fabrique de soie et velours...   —

Mention honorable.

Krupp. Essen. — Fonderie d'acier...

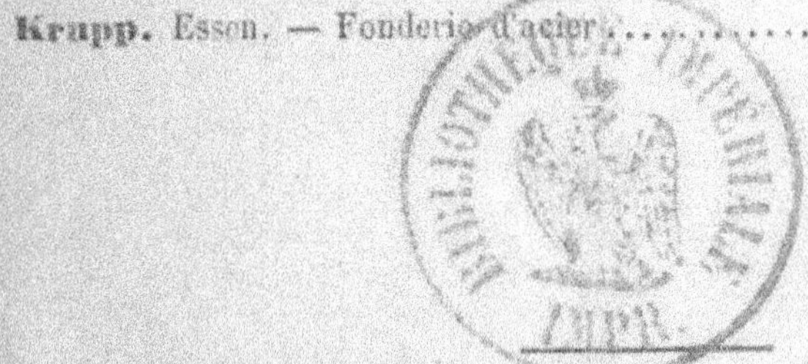

Paris.-Imp. PAUL DUPONT, 45, rue de Grenelle-Saint-Honoré (5011.7.7)